E. BOURSIN

LETTRE DU PÈRE GÉRARD

A MATHURIN HEURTAUD

Laboureur et Conseiller municipal

RELATIVEMENT A

L'ÉLECTION DU DÉLÉGUÉ

DE SA COMMUNE

CHARGÉ DE NOMMER LES SÉNATEURS

A PARIS

Chez ANDRÉ SAGNIER, Éditeur, 9, rue Vivienne
Et chez RICHARD BERTHIER, Éditeur, passage de l'Opéra

A TOULOUSE

Chez B. SIRVEN, Éditeur, rue Riquet, 38
Et chez tous les Libraires des Départements

Prix : 10 Centimes

1 exemplaire	....	»	10
50	—	3	50
100	—	6	»»
500	—	25	»»
1000	—	45	»»

Le port en sus.

E. BOURSIN

LETTRE DU PÈRE GÉRARD

A MATHURIN HEURTAUD

Laboureur et Conseiller municipal

RELATIVEMENT A

L'ÉLECTION DU DÉLÉGUÉ

DE SA COMMUNE

CHARGÉ DE NOMMER LES SÉNATEURS

A PARIS

Chez ANDRÉ SAGNIER, Éditeur, 9, rue Vivienne
Et chez RICHARD BERTHIER, Éditeur, passage de l'Opéra

A TOULOUSE

Chez B. SIRVEN, Éditeur, rue Riquet, 33
Et chez tous les Libraires des Départements

Prix : 10 Centimes

LETTRE DU PÈRE GÉRARD

A MATHURIN HEURTAUD

De Roufeugeray en France, le 1er octobre 1875.

MON CHER MATHURIN,

Tu es conseiller municipal, et comme tel tu vas être appelé, d'ici quelques semaines peut-être, à élire le Délégué de ta commune.

Tu sais, n'est-ce pas, que ce Délégué sera appelé à son tour, un mois après sa nomination, à élire les Sénateurs de ton département.

LES DÉPUTÉS,

LES CONSEILLERS GÉNÉRAUX,

LES DÉLÉGUÉS DES COMMUNES, un par chaque Conseil municipal,

Sont en effet les électeurs désignés par la loi,

pour concourir ensemble, dans le même scrutin,
et par chaque département, à la nomination des
membres du Sénat.

Te voilà devenu du coup un homme politique,
Mathurin; pénètre-toi bien de l'idée que cette
nouvelle prérogative t'impose de sérieux devoirs
à remplir.

Il faut que tu choisisses un bon Délégué; ta
conscience d'honnête homme y est engagée,
j'ajouterai même que tes intérêts les plus chers
et que ta tranquillité dépendent du choix que tu
feras.

Puisque tu me demandes conseil, Mathurin,
je te dirai franchement ceci :

Si tu veux la paix et la tranquillité :

Vote pour un Délégué républicain !

Veux-tu, au contraire, que ton François, —
un beau gars, ma foi ! un travailleur qui fait
honneur à toute la famille et auquel tu souhai-
teras le bonjour de ma part, — veux-tu que ton
François aille se faire tuer ? Désires-tu que la
guerre recommence et que l'ennemi emmène tes
bestiaux, ravage tes récoltes et pille ta maison ?

Vote pour un délégué monarchique ou bonapartiste.

Car il ne faut pas être bien malin en politique pour prévoir ce qui arriverait, si malheureusement les Conseils municipaux nommaient des délégués hostiles à la République et à la Constitution.

La guerre ou la révolution, sois-en sûr, Mathurin, sortirait d'un Sénat bonapartiste. Prends-y donc garde, et malgré les assurances contraires qu'on t'en donnera, malgré les déclarations les plus pacifiques, rappelle-toi ce qui s'est passé lors du plébiscite.

Qu'est-ce qu'on te disait à cette époque?

On te disait de voter OUI — et on te jurait que tu aurais la paix et la prospérité.

Tu as voté OUI, et tu as eu la guerre et l'invasion !

Tu ne m'as pas cru alors. Je t'en supplie, crois-moi aujourd'hui. Tiens, consulte plutôt à ce sujet ta femme, l'excellente Madeleine; je suis certain qu'elle sera la première, quoiqu'elle t'ait poussé autrefois à voter OUI et quoiqu'elle écoute peut-être trop aujourd'hui *la politique du presbytère*, — je suis certain qu'elle sera la première à me donner raison et qu'elle ne voudra pas d'un régime qui lui enlèverait son François. Les femmes sont mères avant tout, vois-tu, Mathurin, et la bonne Madeleine comprendra bien qu'elle ne manquera pas à la religion parce qu'elle ne t'aura pas fait suivre les conseils du curé ou du vicaire en fait de politique. Ce sont là deux choses qui ne vont pas bien ensemble, et si les curés voulaient être sages, ils ne se mêleraient que des affaires de la religion : — la religion y gagnerait et les prêtres en seraient, sois-en sûr, beaucoup mieux respectés.

Il te faut donc, afin d'avoir la paix à l'extérieur comme à l'intérieur, élire un Délégué qui défende le gouvernement établi.

Nomme l'électeur le plus indépendant de ta commune, celui dont tu connais bien les opinions, et dont tu es sûr comme de toi-même. J'ai dit « l'électeur de ta commune » et j'ai bien dit, car ne te trompe pas, et ne te laisse pas tromper.

Voici la loi :

Le Conseil municipal seul est appelé à élire les Délégués, mais il n'est pas nécessaire que le Délégué fasse partie du Conseil municipal; il n'a besoin que d'être électeur inscrit dans la commune.

J'insiste sur ce point, Mathurin, parce qu'il peut y avoir quelques hommes en dehors du Conseil municipal, — l'ancien maire révoqué, par exemple,—qui pourraient parfaitement être élus délégués, et cela arrivera dans beaucoup d'endroits, j'en suis persuadé.

Tu voudrais maintenant connaître quelles devront être les qualités d'un bon Délégué ?

Il faut qu'il soit :

Ami de la République ;

Conciliant dans ses rapports, sage et modéré dans sa propagande, mais aussi indépendant et inébranlable dans ses convictions. Eh bien ! dis-moi, Mathurin, ton adjoint, par exemple, Jérôme Ratapoil dont tu me parles dans ta lettre, est-il sage, est-il modéré, est-il conciliant, est-il l'ami du gouvernement, lui qui ne parle que de l'ex-empereur, qui va criant partout que les républicains sont des rouges, qu'on les enverra à Cayenne ! Ton Jérôme Ratapoil est un fou furieux, te dis-je, dominé par la passion et qui est incapable de représenter ta commune dans l'élection des Sénateurs. Si tu veux qu'il y ait des embarras, du bruit et du scandale au moment du vote, nomme-le.

Est-ce maintenant le marquis de la Houspignoles ou le baron de Pirouette? Si tu désires le retour d'Henri V, tu n'as qu'à lui donner ta voix.

Mais je te connais homme d'ordre, de sagesse et de bon sens, Mathurin, et je suppose bien que tu ne voteras pas pour ces candidats-là. Tu t'éloigneras d'eux, car leur but est misérable; ce qu'ils cherchent, tu l'as deviné comme moi, c'est de faire entrer au Sénat assez de légitimistes et de bonapartistes de façon à former une opposition au gouvernement et à recommencer des attaques qui arrêteront encore les affaires, qui nuiront au commerce et à l'agriculture.

Si cette tactique réussissait, comme ils seraient contents! « Elle est jolie, votre République! s'écrieraient-ils; les affaires ne vont pas! il n'y a plus de crédit! tout est cher! les impôts sont lourds! »

Et les niais diraient : « C'est pourtant vrai! » Et beaucoup se laisseraient prendre à ces indignes calomnies.

Cela ne serait pas difficile, cependant, de répondre à ces effrontés :

« Si les affaires ne vont pas, pourrait-on leur dire, c'est votre faute, à vous bonapartistes, qui osez crier si fort, alors que le silence vous conviendrait si bien, après tous les malheurs que vous avez attirés sur notre pays ; c'est vous, en effet, qui, en compagnie des partisans d'Henri V, avez empêché, depuis plus de quatre ans, l'établissement de la République ! A présent qu'elle est légalement fondée, c'est vous encore qui continuez à l'attaquer ! Eh bien ! vous n'y réussirez pas. Chacun sait, dans nos campagnes, que la République est la sauvegarde de la propriété, de la religion et de la famille. Et ne pensez plus à chercher à donner le change ; vos calomnies sont aujourd'hui percées à jour, et si on a peur en France, à l'heure présente, c'est de vous seuls.

— Qui vous a pillés ? qui vous a volés, s'il vous plaît, sous la République ?

— Est-ce la République qui a détourné les millions destinés à équiper nos soldats ?

— Non, monsieur Ratapoil, c'est l'Empire qui a fait cela.

— Qui a déclaré la guerre ?

— L'Empire, monsieur Ratapoil, toujours l'Empire.

— Qui a juré sur l'honneur que nous étions prêts ?

— M. Rouher, l'ex-vice-empereur.

— Qui a capitulé à Sedan?

— L'empereur lui-même, votre grand empereur, monsieur Ratapoil.

— Qui a vendu la France, à Metz?

— Le grand ami des bonapartistes, l'illustre M. Bazaine!

— A qui devons-nous de payer de si lourds impôts?

— A l'Empire, toujours à l'Empire, monsieur Ratapoil.

— Sous quels règnes, depuis 60 ans à peine, la France a-t-elle été envahie, pillée et rançonnée?

— Sous Napoléon Ier et sous Napoléon III. Trois invasions, 1814, 1815 et 1870; la France amoindrie, trois millions d'hommes de tués, plus de dix milliards d'argent donnés à l'étranger; tel est le bilan de ces deux malheureux règnes! »

Voilà, avec bien d'autres choses, ce qu'on pourrait répondre à tous ceux qui osent encore parler du régime impérial; le mieux, crois-moi, est de faire le moins possible attention à leur propagande, et de voter selon ta conscience.

Sois sur tes gardes cependant, et un homme prévenu en vaut deux, dit le vieux proverbe; — mais les mêmes personnages du plébiscite vont se remettre en campagne, s'ils ne l'ont fait déjà, et cette fois bras-dessus bras-dessous avec les légitimistes; ils vont chercher à t'entourer; ils inondent déjà les villages de leurs brochures, dans lesquelles ils cherchent à falsifier l'histoire et à tourmenter ta conscience.

Moi, Mathurin, rends-moi cette justice, je ne cherche qu'à t'éclairer et à te convaincre par mon raisonnement. Je te parle à cœur ouvert, sans détours comme sans colère et sans autre but que de t'être utile. Certains t'accosteront qui ne t'ont jamais adressé la parole; ton maire, s'il est bonapartiste ou légitimiste, te priera et te menacera au besoin; ton curé s'en mêlera bien un peu. Ils te corneront sur tous les tons que tout est perdu (perdu pour eux!) si tu ne vote pas pour le délégué de leur choix. Ils te parleront des rouges, des communeux, comme si ce n'était pas la République qui a combattu ces derniers.

Ils chercheront en un mot à te faire peur..... pour te voler ta voix.

Mais sois homme, Mathurin; ne la donne pas, si ta conscience ne te dit pas de la donner.

N'aie pas peur surtout de leurs menaces; ils sont impuissants, et ils s'exposeront, en te les faisant, à toutes les rigueurs de la loi. Quant à leurs attaques contre la Révolution française, il faut vraiment qu'ils nous croient bien naïfs pour les recommencer.

Tu sais comme moi, Mathurin, que c'est justement la Révolution qui a sorti nos pères de l'état de misère et de dépendance où ils étaient avant cette époque.

Tu sais que c'est la Révolution seule qui nous a apporté la liberté et qui nous a donné notre place au soleil ;

Que c'est la République qui nous a faits indépendants et égaux ;

Que c'est la République qui nous a faits propriétaires !

Eh bien ! Mathurin, vote pour la République ! Nous autres, roturiers et paysans, nous ne pouvons faire autrement, sous peine de renier nos pères qui sont morts pour la liberté. Vote pour elle, c'est ton droit, Mathurin ; c'est même un devoir sacré pour toi.

Que les fils de noble qui portent un grand nom aient conservé les idées de l'ancien temps, qu'ils suivent les pèlerinages et crient : « Vive le Roy ! » la chose peut encore se comprendre, quoique beaucoup, et des plus honorables, se soient ralliés à la Révolution ; mais que toi, Mathurin Heurtaud, laboureur, fils de Jean Heurtaud, en son vivant charpentier, ou que moi, Pierre Gérard, petit propriétaire, nous allions de gaieté de cœur faire chorus avec nos adversaires ; voilà ce qui ne sera jamais, voilà ce que nous ne voulons pas qui soit.

Crois-moi, Mathurin, restons roturiers et paysans ! Faisons plus, montrons-nous glorieux de notre naissance, car nous sommes tous Français, et puisque Jacques Bonhomme, comme on nous appelle, a un Délégué à élire dans chaque commune, choisissons-le autant que possible parmi nous.

Le moment est solennel.

Les difficultés de la situation sont grandes.

Il faut que tous les hommes sages, honnêtes et patriotes organisent une solide alliance pour défendre la République, en écartant ses adversaires du scrutin. Mais ouvre l'œil bien grand, Mathurin, et fais bonne garde, car il y a un nom honorable derrière lequel les bonapartistes surtout chercheront à s'abriter, c'est celui du maréchal de Mac-Mahon ; ouvre l'œil encore plus grand, Mathurin, car il y en a qui se présenteront hypocritement comme s'ils étaient de vrais républicains ; mais heureusement qu'on se connaît les uns et les autres dans une commune et qu'on est au courant des opinions de chaque conseiller ; il y aura peu de surprises et on pourra facilement arracher les masques.

N'oublie pas surtout que le scrutin sera secret.

Je te rappelle cela, mon brave Mathurin, parce que je sais que tu ne veux faire de la peine à personne et que tu désires rester en bons rapports avec tout le monde ; cela se comprend, surtout dans un petit endroit où on a l'habitude de se voir depuis l'enfance, et où l'on demeure souvent porte à porte ; et puis aussi, pourquoi ne le dirai-je pas ? les petits dépendent toujours des grands : les garçons de ferme des grands valets, les grands valets des fermiers, les fermiers des propriétaires, les ouvriers de ceux qui les font travailler. Cela est un peu vrai dans le commerce de la vie ordinaire, et je comprends qu'on n'ose pas toujours développer ses idées comme on voudrait ; mais à l'heure du scrutin, à l'heure solennelle du scrutin, on ne doit dépendre de personne ; on ne doit relever que de sa conscience, et c'est bien pour que l'électeur ne soit pas tourmenté et échappe à certaines influences que la loi a voulu le vote au scrutin secret.

A toi donc de prendre tes précautions et de préparer à l'avance ton bulletin de vote.

Tu auras du reste, Mathurin, un solide appui et une excellente direction ; tes députés, tes conseillers généraux et tes conseillers d'arrondissement républicains seront les agents naturels de ces élections. Ce sera à eux de provoquer l'opinion publique, de nous aider à fixer notre choix, de désigner ensuite et de recommander le Délégué que nous aurons choisi de concert avec eux. Mais si je t'ai conseillé d'être prudent avant de t'arrêter à un nom, je te recommande surtout, en terminant, de te montrer conciliant.

Il ne faut pas penser qu'on puisse élire partout des délégués républicains ; aussi faut-il que tous nos amis votent unanimement pour un candidat libéral, si celui-ci a le plus de chances d'être nommé.

La grande question est d'écarter les ennemis de la République ; qui n'est pas contre nous est avec nous.

Les hommes qui étaient monarchistes hier et qui ont sérieusement accepté la République, par patriotisme et par raison, ont droit à notre reconnaissance et à nos suffrages.

Il est à souhaiter enfin que la plus fraternelle

union, que la discipline la plus sévère règne dans notre parti.

Si cela est, la grande voix du peuple se fera entendre aux élections prochaines.

Et la voix du peuple, c'est la voix de Dieu !

LE PÈRE GÉRARD.

P.-S. N'oublie pas surtout, Mathurin, que tu es l'un des élus de ta commune, et qu'un jour prochain viendra où tu te représenteras devant tes électeurs. Consulte donc l'opinion publique avant de voter, car, encore une fois, tu dépends d'elle seule et de ta conscience.

Imprimerie SIRVEN, Toulouse.

JOURNAUX RÉPUBLICAINS DE TOULOUSE

LA DÉPÊCHE

JOURNAL POLITIQUE QUOTIDIEN

Administration : rue Riquet, 33, à Toulouse

Abonnement : 3 mois, **5 fr. 50**

LE PROGRÈS LIBÉRAL

JOURNAL POLITIQUE QUOTIDIEN

Administration : rue des Balances, à Toulouse

Abonnement : 3 mois, **14 fr.**

DU MÊME AUTEUR :

Imprimerie SIRVEN, Toulouse

www.ingramcontent.com/pod-product-compliance
Lightning Source LLC
Chambersburg PA
CBHW060718280326
41933CB00012B/2475